AF284117

Andrea Waldl

Pferd als Lehrer

Wie Pferde unser Leben verändern

Eine Sammlung von Texten aus dem Blog:

www.pferd-als-lehrer.at

Für den besten Lehrer meines Lebens!

Dieses Buch ist auch für Conny, die mich und Skippy so versteht, wie kein anderer Mensch. Danke für Aussagen wie: was machen wir denn jetzt mit ihm? Oder: wir sollten von ihm noch Fotos machen, solange wir ihn noch haben. Vor allem aber danke für das „Kopf zerbrechen" über mein Pferd, als wäre es Deines!

Danke für das WIR!

Impressum

Texte: © Copyright by Andrea Waldl

Autor: Andrea Waldl

             Ignaz Hirsch Gasse 19

             2732 Willendorf

             office@andreawaldl.com

             Herstellung und Verlag:

             BoD – Books on Demand, Norderstedt

             ISBN: 978-3-7526-6256-6

MIX
Papier aus verantwortungsvollen Quellen
Paper from responsible sources
FSC
www.fsc.org
FSC® C105338

Mein Pferd wäre ohne mich

immer noch ein Pferd.

Ich wäre ohne mein Pferd

nur ein normaler Mensch.

Vorwort

Im Jahr 2014 habe ich begonnen, den Blog pferd-als-lehrer.at zu schreiben. Damals hatte ich eine emotional schwierige Zeit und ich habe immer wieder gemerkt, wie sehr mir das Reiten oder das Pferd in dieser Zeit hilft. Wenn man mal auf dem Pferd sitzt, wird der Kopf frei. Ich wurde und werde heute noch, ein anderer Mensch, wenn ich mit meinem Pferd umgehe.

Der Focus wird ein anderer. Skippy war von Anfang an speziell, wenn ich bei ihm war, gab es nur ihn. Dass meine Gedanken sich im Kreis drehen, oder ich zum Beispiel nicht weiß was ich will, all das ging im Umgang mit ihm nicht. Da musste ich immer klar und präsent sein. Diese Präsenz habe ich versucht, in mein tägliches Leben einzubauen. Mir hat das in vielen Belangen geholfen, einerseits selbst Situationen besser einschätzen zu können und andererseits auch auf andere Menschen klarer zu wirken.

Vieles aus dem Umgang mit Pferden kann man im täglichen Leben umsetzen. Nicht alles, das gebe ich zu, aber den Focus, die Präsenz, die notwendig sind, kann man mitnehmen.

Ich schreibe auch, weil ich dadurch mich und meine Gedanken besser ordnen kann. Meine Gedanken zu formulieren und mich mitzuteilen hilft mir immer wieder, schwierige Situationen in meinem Leben zu meistern.

Und es gab in diesen Jahren auch immer Zeiten, in denen ich mehr, manchmal auch weniger zu sagen hatte. Die Sammlung ist auch nicht chronologisch, es sind Artikel aus dem Block, die ich für interessant empfand.

Vor einigen Tagen hatte ich die Gelegenheit, bei einem „Glückscoaching" teilzunehmen. Da wurde ich gefragt, was meine größte Herausforderung ist. Meine Antwort kam wie aus der Pistole geschossen: Mein Pferd! Skippy fordert mich so kontinuierlich über all die Jahre enorm heraus. Er spiegelt mich und zeigt mir alle guten und schlechten Seiten die ich habe. Unentwegt treibt er mich an, das Beste aus mir heraus zu holen. Ständig fordert er von mir Selbstreflektion.

Mein Pferd, meine größte Herausforderung und auch ganz viel Glück, dass ich dieses spezielle Pferd habe.

Ich spreche in diesem Buch meine Leserinnen und Leser der Einfachheit halber mit DU an, und ich vergesse auch in manchen Artikeln zu gendern. Dafür entschuldige ich mich schon vorab.

Danke an die Familie Muhr – Westernpferde Muhr, die immer noch ein offenes Ohr für meinen Skippy und mich haben, obwohl ich schon 20 Jahre nicht mehr in diesem tollen Stall bin. Danke an Michi Leiner, der mir diese große Herausforderung mit Skippy zugetraut haben. Danke an Nina Leiner, die einen großen Grundstein für seine Ausbildung gelegt hat.

This old horse

This old horse, the Rancher said, he's seen some better days,
he's eating up my profits, and costs a lot of hay.

Another horse would suit me, a stronger one at that, hes seen a
lot of miles just like my cowboy hat.

This old horse, the Rancher said, he helped me herd my steer,
I'm pretty sure hes magic, I know I hold him dear.

Another horse would suit me, one that can run fast, maybe one
that's younger, obe maye one that lasts.

This old horse, the Rancher said, he's long and far in tooth, my
children do remember him, fondly from their youth.

Another horse would suit me, a gelding in his prime, one that
needs less xin', that helps me save a dime.

Why, they asked, then keep him? Why not trade him now? Bring
him to an auction? Replace him with a cow?

The Rancher's bow grew heavy, he took a staggered step, his
eyes did show his hardships, in wrinkles, as they crept.

His breath, he took in deeply, as he poised to say his words, it´s as if the earth grew silent, that his message schould be heard.

This old horse, the Rancher said, has given me his life, I wouldn´t trade for anything, nor either would my wife.

Another horse would suit me, and perhaps some day will come, but this old gal, I love him, he ist the chosen one.

This old horse, the Rancher said, his service he did lend, he and I, have seen the years, this old horse, he is my friend.

Another horse would uit me well, but his home ist here to keep, I owe his sanctuary, my love for him is deep.

Another horse would suit me well, and younger days for me, and I will keep my promise, until our last breaths set us free.

Artist: Don Stivers Quelle: Facebook

Komm her, sagt mein Pferd

Komm her sagt mein Pferd! Gedanken im Kopf, Stress im Leben.

Komm her sagt mein Pferd, setz dich zu mir. Schalt mal ab. Wie?

Worüber denkst du nach sagt mein Pferd.

Über alles, mein Leben, meine Arbeit, meine Freunde auch über dich mein Pferd.

Über mich musst du nicht so viel nachdenken sagt mein Pferd. Doch das muss ich, du bist alt, hast abgenommen, was soll ich machen, damit es dir besser geht. Aber mir geht es doch gut sagt mein Pferd. Du bist bei mir und dann geht es mir gut.

Atme durch sagt mein Pferd, lass deine Gedanken frei und sei nur bei mir. Dann kann ich dir auch etwas Gutes geben sagt mein Pferd. Denk nicht so viel nach, genieße die Zeit mit mir. Das ist mir wichtig sagt mein Pferd.

Lass für die Zeit, die du mit mir bist, das andere Leben hinter dir sagt mein Pferd. Sei frei und nur bei mir. Dann gehst du gestärkt in dein anderes Leben zurück.

Sei ganz bei mir sagt mein Pferd!

Quelle: Facebook

Unsere Geschichte

Seit 1995 ist Skippy bei mir. Ich habe ihn als Absetzer gekauft. An unsere erste Begegnung kann ich mich noch sehr gut erinnern. Mein kleiner Skippy auf der Koppel mit den anderen Jungs. Als einziger blickt er auf und sieht mir mit seinem blauen Auge direkt in meine Augen. Das war´s! Mehr brauchte er nicht, um mich zu gewinnen.

Seine Geschichte kam dann noch dazu. Er wurde vom Züchter auf den Anhänger nach Österreich „geschmuggelt", er war nicht von einem Käufer reserviert. Da musste ich zugreifen. Und was macht eine eingefleischte Englisch Reiterin in so einer Situation? Sie kauft ein Western Pferd.

Ich hatte noch nie ein junges Pferd. Und Skippy war von Anfang an speziell. Aber ich hatte viel Hilfe. Nina Leiner, heute eine der besten Pleasure Trainierinnen in Österreich, hatte auch aus der Gruppe ein Pferd gekauft – Scotch. Sie war damals noch ein junges Mädchen und trotzdem konnte sie mir sehr viel zeigen.

So näherten wir uns langsam einander an.

Skippy hatte eine wunderbare Jugend, mit 4 weiteren Junghensten war er den ganzen Tag auf der Koppel und dann im Stall. Die jungen Pferde waren damals das Fundament von Westernpferde Muhr, die heute eine der größten Paint Horse Züchter in Österreich sind.

Als Hengst war Skippy ein ziemlicher Rüpel, auch gegenüber seinen Jungs. Ich musste ihn mit noch nicht mal zwei Jahren kastrieren lassen. Da begann dann eine längere Phase, in der ich nicht wusste, in welche Gruppe er sollte, was ihm guttut. Er hat sich immer Pferde-Freunde gesucht. Nach der Kastration wurde er in der Gruppe zu einem eher unsichereren Wallach. Aber wir haben eine gute Lösung gefunden. Zuletzt stand er mit zwei Fohlen auf der Koppel, da hat ihm wirklich Spaß gemacht.

Nach 5 Jahren erfolgte dann unser Umzug nach Willendorf. Dort fand er wieder ein Fohlen – Aramis, seinen besten Freund. Die beiden waren einige Zeit allein auf der Koppel, bis unser Stall eine Wallach Gruppe bildete, in der Skippy und Aramis jetzt noch stehen. Skippy hat immer Pferdefreunde gesucht und sucht sie auch heute noch. Wenn ein neues Pferd in die Gruppe kommt, versucht er gleich, das als Freund zu gewinnen. Diese Angewohnheit von ihm finde ich sehr bemerkenswert.

Mit Skippy habe ich auch meinen Reitstil umgestellt. Als Western Reiterin war ich mit ihm bis er fünf war auf einigen Shows. Danach war dann Distanzreiten angesagt, weil er gesundheitliche Probleme hatte. Zuletzt war ich als Freizeitreiterin mit ihm unterwegs.

Jetzt machen wir nur noch Bodenarbeit. Seit meinem Unfall im Jahr 2014 traue ich mich nicht mehr, ihn zu reiten. Ich habe das Gefühl, Skippy ist entspannter denn je. Zitat seines Tierarztes: Der wollte wahrscheinlich nie geritten werden. Das kann sein. Jetzt wird er nicht mehr geritten und scheint sehr zufrieden damit zu sein. Aber selbst da stellt er mich vor

Herausforderungen. Er kann das einfach nicht lassen, er macht alles, damit mir nicht langweilig wird.

Skippy ist mein bester und auch strengster Lehrer geworden. Ein: ich kann das nicht, gibt es bei ihm und mit ihm nicht. Da gibt es nur immer: Versuch es! Tu dein Bestes! Lass dich nicht unterkriegen!

Angst vorm Reiten

Zwischen 2005 und 2006 hatte ich immer wieder Angst davor, mein Pferd zu reiten. Skippy wurde dadurch, dass er so wenig geritten wurde, nicht einfacher. Er begann zu buckeln, was meine Angst nur noch verstärkte. Jeder Ritt war eine große Überwindung für mich. Ich erzählte offen und ehrlich über meine Angst, doch größtenteils erntete ich nur blöde Kommentare.

Ich wusste nicht, wie ich diesen Teufelskreis aus Angst durchbrechen sollte. Auch Trainer konnten mir nur sehr bedingt helfen. Mir fehlte das Rezept, das uns helfen könnte. Doch dann flog ich nach Gambia und plötzlich brauchte ich kein Rezept mehr.

„Every one is a little bit scared, said the horse. Bu we are less scared together" Unknown

Dass die Angst oft nur in unserem Kopf (dem Kopf des Reiters) sitzt durfte ich Anfang 2007 erkennen. Eine abenteuerliche Reise zeigte mir, dass das Problem nicht beim Pferd liegt. Hier die Geschichte hinter der Erkenntnis:

1996/1997 waren mein damaliger Mann Michi und ich mit dem Auto in Marokko und Mauretanien unterwegs. Wir fuhren durch Teile der Sahara und hatten eine abenteuerliche Reise. Am Ende dieser Reise heirateten wir auf Gibraltar. Wir machten vor der Hochzeit die Hochzeitsreise.

10 Jahre nach unserer Hochzeitsreise nach Marokko und Mauretanien, hatten wir die Gelegenheit, beide Länder wieder zu besuchen. Michi hatte einen Auftrag von einer Filmfirma, ein Filmteam mit dem Auto von Wien bis nach Banjul in Gambia zu begleiten. Diese Gelegenheit wollten wir nutzen, um unseren 10. Hochzeitstag in Afrika zu feiern. Geplant war, dass ich Michi im Senegal in Dakar treffen sollte und wir gemeinsam mit dem Auto zurück nach Österreich fahren, durch Mauretanien und Marokko.

Am 19. Jänner 2007 war es dann für mich endlich soweit: Ich konnte nach Dakar fliegen.

Schon in Europa kam es zu Problemen. Der Orkan Kyrill bescherte mir schon in Wien, später in Frankfurt große Verspätung. Nachdem ich insgesamt fast 24 Stunden unterwegs war, kam ich endlich kurz nach Mitternacht in Dakar an. Für eine Nacht (so war es geplant) hatte ich mich im besten Hotel der Stadt einquartiert. Der Transfer dorthin bescherte mir einen „kurzen" Blick auf Dakar bei Nacht. Was ich sah, entspannte mich nicht. Immer wieder blieb das Shuttle an Straßenecken mit Horden von Menschen stehen, und der Fahrer wechselte. Ich war die einzige im Shuttle, hatte einiges an Bargeld mit. Das ungute Gefühl wuchs.

Auch der Aufenthalt im „besten Hotel der Stadt" gestaltete sich mühsam. Das Zimmer war dreckig und laut. Um 2 Uhr früh erreichte mich Michi. Seine Nachricht: wir bleiben noch länger in Gambia, komm einfach mit dem nächsten Flieger und wir treffen uns dann morgen in Banjul, oder ich warte ein paar Tage im Hotel. Das Warten im Hotel war unmöglich, da zum gleichen Zeitpunkt die Rally Paris-Dakar in Dakar ankam. In der ganzen Stadt gab es kein freies Hotelzimmer mehr. Also blieb nur die Möglichkeit, nach Gambia zu fliegen.

Gesagt – getan! Mit dem „Wissen", dass eh zwei bis drei Flugzeuge täglich von Dakar nach Gambia, Banjul gehen, fuhr ich am Morgen frohen Mutes zum Flughafen und kaufte ein Ticket. Ich bekam ein Ticket für den Flug um 12 Uhr mittags. Die Dame am Schalter meinte aber, dass ich erst um Mitternacht fliegen werden. Okay – alles sehr kryptisch. Langsam wuchs in mir die Erkenntnis, dass alles etwas schwieriger als gedacht wird.

Die nächste Hürde war dann das Einchecken. Ich hatte kein Visum für Gambia. Ein kurzer Anruf beim österreichischen Botschafter in Dakar – der teilte mir mit, ich solle es einfach probieren, das schlimmste was passieren kann, ist dass sie mich mit dem nächsten Flugzeug wieder zurückschicken.

Bei der Passkontrolle wurde es dann wirklich kritisch. Selbstverständlich war in meinem Pass kein Visum für Gambia. Ich wurde nicht durchgelassen. Dann musste ich einige Varianten bemühen. Zuerst versuchte ich, die brave Ehefrau zu spielen, die sich vor ihrem Mann fürchtet, der ja in Banjul wartet, und ich weiß nicht was passiert, wenn ich nicht komme.

Der nette Herr bei der Kontrolle zeigte mir immer wieder in seinem Bücherl, dass Deutsche kein Visum brauchen, Österreicher schon.

Kurz überlegte ich mir, ob ich in Tränen ausbrechen soll. Zumute war mir so. Dann kam die Erleuchtung. Ich erklärte ihm, dass es ja schon seit dem zweiten Weltkrieg so ist, dass Österreich zu Deutschland gehört (man möge mir verzeihen!!!) und SCHWUPPS war ich drinnen und eingecheckt.

Der Flughafen ist vollgestopft mit Leuten. Mein Flug ging natürlich nicht um 12.00 Uhr mittags. Von einer Deutschen, die für die Entwicklungshilfe arbeitet, erfuhr ich, dass heute wahrscheinlich kein Flugzeug mehr in den Süden geht, da im Süden Senegals ein Oppositionsführer begraben wird und die Regierung nicht will, dass Leute am Begräbnis teilnehmen. Nicht nur die Rally Paris-Dakar blockierte alles, sondern auch das Begräbnis.

Und tatsächlich kamen einige wenige internationale Flüge an, aber es hob kein Flugzeug ab. Der Flughafen wurde immer voller. Es gab inzwischen kein Wasser mehr, die WCs waren nicht mehr zu benutzen, kein Essen zu bekommen. Einige Passagiere, die nach Frankreich wollten und schon seit 36 Stunden am Flughafen warteten, begannen zu randalieren. Die wurden dann in ein Flugzeug am Rollfeld verfrachtet. Dort warteten sie weitere 5 Stunden auf den Abflug.

Endlich um 18.30 Uhr wurde mein Flug aufgerufen – boarding now. Aber wohin boarding? Es stand kein Flugzeug draußen. Stündlich fragte ich nach wann ich denn fliegen werde. Not yet – lautete die immer gleiche Antwort.

Meine Nerven waren bis zum Zerreisen gespannt. Michi erreichte ich nicht mehr, telefonierte daher ständig mit der Agentur, für die Michi unterwegs war. Helfen konnte mir von Wien aus keiner. Ich saß am Flughafen fest.

Gegen 20 Uhr fragte ich noch mal nach, wann ich denn heute fliege. Die Auskunft: Heute nicht mehr, ich solle den Flughafen verlassen und morgen um 9.00 Uhr wiederkommen. Das Problem dabei, es gab kein Zimmer in Dakar. Ich rief einige Hotels an. Der österreichische Botschafter in Dakar, den ich für meine letzte Rettung hielt, riet mir, ich solle in die Innenstadt fahren und alle Hotels abklappern. Das wäre aber meine letzte Option gewesen, ich hatte einiges an Bargeld mit und keine Lust, allein durch die nächtliche Stadt zu wandern. Ich war sauer auf den Botschafter und kündigte an, wenn ich keine Lösung für heute Nacht fände, würde ich meinen Pass wegwerfen, denn dann muss er mir helfen.

Plötzlich sah ich, wie zwei Männer und eine Frau mit einer Stewardess diskutierten. Vorsichtshalber gesellte ich mich zu dieser Gruppe und merkte bald, dass es um meinen Flug ging. Ich beteiligte mich an der Diskussion und sagte, dass ich auch nicht weiß wohin, wenn ich den Flughafen verlassen muss. Die Stewardess meinte, wir sollen doch zum Flughafenmanager gehen, dort bekämen wir jeder 30 Euro für ein Hotel und morgen wiederkommen. Das Geld war aber nicht das Problem, es gab keine freien Hotelzimmer. Keiner von uns war damit einverstanden

Eine weitere Stunde verging mit Warten auf den Flughafenmanager. Es folgten weitere Diskussionen, er wollte nicht wirklich verstehen, worum es uns ging.

Michi wusste inzwischen, dass der Flug gecancelt war. Einer meiner Mitreisenden hatte seine Frau am Flughafen in Banjul angerufen, die hat dort Bescheid gesagt. Daraufhin wurde in Banjul der Flughafen geschlossen, weil sonst kein Flugzeug in dieser Nacht mehr erwartet wurde. Ich erreichte Michi nicht mehr.

Um nicht allein durch die Situation zu müssen, blieb ich immer in der Nähe der anderen. Wie sich herausstellte, war das eine Gruppe von Gambiern, die von einer Tagung heimfliegen wollten. Außerdem wuchs meine Angst, in dieser Nacht auf der Straße zu übernachten.

Letztendlich konnten wir den Flughafenmanager so weit erweichen, dass er uns eine Unterkunft bei seiner Cousine in der Stadt organisierte. Zusätzlich stellte er uns ein Shuttle zur Verfügung, das uns dort hinbringt und am nächsten Tag wieder abholen sollte. Vor dem Flughafen waren Massen von Menschen und auch einige Fahrzeuge, die von der Rally Paris Dakar dort angekommen sind. In meiner Verzweiflung bemerkte ich einen Geländewagen mit österreichischem Kennzeichen. Ich ging zu dem Fahrer hin und sagte, ich fahre mit nach Österreich. Der Fahrer war einigermaßen perplex. Er meinte, er fahre nur bis Mauretanien, dann wird das Auto verschifft. Das war also leider auch keine Option für mich.

Dann war die Übernachtung in Dakar meine einzige Option. Das Shuttle brachte uns in einen sehr „einfachen" Bezirk von Dakar, in dem vor allem Baracken stehen. Der Shuttle – Fahrer verirrte sich mehrere Male. Meine Gedanken begannen darum zu kreisen, was passieren würde, wenn ich verschwand. Niemand wusste wo ich bin. Sie wussten zwar ich bin in Dakar, aber Dakar war groß und unübersichtlich. Niemand würde mich jemals wiederfinden. Endlich fand der Fahrer das Haus, erfreulicher Weise war es sauber und ordentlich. Jeder von uns bekam ein eigenes Zimmer mit Bad und WC.

Meine Mitreisenden bezogen ihre Zimmer und gegen Mitternacht klopften sie an meiner Tür. Sie wollten alle in ein „Internetcafe", um ihr emails abrufen zu können. Um keinen Preis der Welt wäre ich allein in dem Haus geblieben, so schloss ich mich ihnen an. Es war so unwirklich – mitten in der Siedlung, die nicht einmal eine Straße hatte, gab es ein Internetcafe mit 10 Computern. Ich Nach dem Internetbüro versuche ich zu schlafen, bekomme aber kein Auge zu, versende noch reihenweise SMS, damit alle wissen, wo ich bin, obwohl ich das selbst nicht so genau weiß. Meine Nerven sind so angespannt, dass ich die halbe Nacht über der Kloschüssel verbringe, will es aber niemandem schickte an alle, deren email Adresse ich kannte, meinen Standort. Mir gab das ein wenig Sicherheit. Für eine Suche nach mir, wäre das ein Ansatzpunkt.

In der Nacht ging es mir sehr schlecht. Ich konnte nicht schlafen und übergab mich. Immerhin konnte ich das Handy aufladen, allerdings konnte ich niemanden telefonisch erreichen. Meine Angst stieg, dass es mir in der Früh so schlecht ginge, dass ich nicht mit zum Flughafen fahren konnte.

Als die Nacht endlich vorüber war, stand tatsächlich um 7.00 Uhr das Shuttle vor der Tür und brachte uns zum Flughafen. Jetzt getraute ich mich auch erstmals, meinen gambischen Freunden mitzuteilen, dass ich kein Visum habe. Sie meinten, dass sei kein Problem, gemeinsam würden wir meine Einreise in Gambia schon schaffen. Tatsächlich durften wir dann um 9.00 Uhr ins Flugzeug einsteigen. Das Flugzeug war total überbucht und so klein, dass viele stehen mussten. Es war wie im Schülerbus bei uns. Ich schaute nur noch nach unten, ließ mich von niemandem mehr anreden. Ich wollte nur noch nach Gambia!

Eine dreiviertel Stunde später landeten wir in Banjul. Die Hürde, ob ich einreisen darf, hatte ich nach wir vor noch zu bewältigen. Einer meiner gambischen Begleiter war vom Tourismusministerium, der schob mich praktisch durch die Passkontrolle.

Alles ging gut, sogar mein Gepäck ist mit angekommen. Und das Schönste – Michi stand in der Flughafen Halle und holte mich ab.

Mauretanien und Marokko habe ich dann trotzdem nicht gesehen. Michi wurde an der Grenze von Mauretanien nach Gambia der Pass gestohlen. Das hat er erst bemerkt, als wir das Auto für die Heimreise herrichten wollten. Nach einer Woche sehr entspanntem Urlaub in Gambia flog ich dann allein wieder zurück.

Der Flug von Senegal nach Gambia hat mich an meine Grenzen gebracht, aber ich habe diese Grenzen überwunden und es geschafft.

Daheim angekommen horchte ich in mich hinein. Ich habe diese Horrorstunden im Senegal ganz allein überstanden, okay nicht ganz angstfrei – aber ich habe alles richtig gemacht. Ich war stark und überlegt. Und hier – daheim – getraue ich mich nicht, mein eigenes Pferd zu reiten?

Ich fühlte mich so stark, dass ich Skippy einfach sattelte und ritt. Ja ich ritt, er buckelte nicht, ging brav, war willig und total entspannt. Meine Angst war weg – noch wichtiger – dadurch gab ich ihm Sicherheit. Die Sicherheit, die er brauchte.

Unsere Angst spielt sich im Kopf ab – okay reiten kann schon auch gefährlich sein, das weiß ich selbst am besten – aber viel tragen wir durch unkonkrete Angst dazu bei, dass auch unser Pferd unsicher wird. Trotzdem dürfen wir die Angst nicht einfach ignorieren, viel besser ist es, sich ihr zu stellen und sie zu akzeptieren. Gehen wir kleine Schritte, die ein gutes Gefühl hinterlassen. Nicht jeder kann nach Gambia fliegen.

Ich wünsche Euch viel Einsicht und schöne, angstfreie Stunden mit den Pferden.

Artikel von 2016

40 Jahre im Sattel

Heuer werde ich 50. Im Alter von 10 Jahren habe ich zu reiten begonnen. Das heißt, ich bin echt schon sehr lange den Pferden verfallen. Meine Eltern dachten anfänglich: naja in der Pubertät geht das schon vorüber. Aber nichts da! Flicka, eine damals 12-jährige Stute (gleich alt wie ich), kam und ich hörte nicht auf zu reiten, ganz im Gegenteil. Dann kam das Studium. Weil das Pferd in Kärnten war und ich in Wien studierte, beschränkte sich das Reiten auf die Ferien. Flicka war auch schon alt, stand auf einer schönen Weide und wurde gut betreut. Flicka starb mit 33 Jahren.

Es gab aber nie eine Zeit, in der ich "ohne Pferd" war. Als sich herauskristallisierte, dass ich mein weiteres Leben im Osten Österreichs verbringen werde, kam mir der Zufall zu Hilfe. Ich hatte einen Arbeitskollegen, der einige Fohlen aus Deutschland geholt hat. Und mein Skippy war dabei! Das war 1994 im Herbst und ab dem Frühjahr 1995 gehörte Skippy dann mir. Ja und die Geschichte kennt ihr ja!

Das erste Mal ein so junges Pferd, das erzogen und eingeritten werden musste. Wir gingen dabei gemeinsam durch einige Höhen und Tiefen. Ich könnte euch da Geschichten erzählen....

Mein Leben mit Skippy verlief enorm bewegt, dagegen war das Leben mit Flicka sehr ruhig. Skippy machte es immer wieder spannend. Einiges davon war ja hier schon zu lesen.

Selbst nach meinem schweren Unfall hörte die Lust zu reiten nicht auf. Gut auf Skippy getraue ich mich nicht mehr, aber es gibt genug andere Pferde, die ich reiten darf. Jetzt bin ich ja schon 50 und bekomme alle möglichen Wehwehchen wenn ich nicht reite. Vor allem bekomme ich Kreuzschmerzen. Für mich heißt es also regelmäßig rauf aufs Pferd. Und ich genieße es jedes Mal. Es ist natürlich anders, wenn man sein eigenes Pferd nicht mehr reitet. Ich hatte früher schon ab und zu einfach keine Lust dazu und musste trotzdem, damit er nicht zu lange steht. Skippy war dann immer schwierig zu reiten.

Jetzt reite ich ausschließlich, wenn ich Lust dazu habe. Das ist für mich enorm entspannend. Jedes Mal ist es schön auf dem Pferd, das ich gerade reite, zu sitzen.

Artikel von 2018

Mit dem Pferd dem Stress entfliehen

Ich bin selbständig berufstätig, Mutter eines Sohnes – ja und ich habe auch sonst noch so manche Interessen. Manchmal fühle ich mich mehr als gestresst. Da brauche ich dann dringend eine Auszeit. Damit beginnt aber der Stress schon wieder. Wie schaufle ich mir Zeit frei?

An solchen Tagen ist es für mich eine Wohltat, wenn es sich endlich ausgeht zu Skippy zu fahren. Fast wie von selbst werde ich ruhiger, wenn ich ihn sehe. Er liebt es, wenn ich etwas mit ihm mache, er ist schon aufgeregt, wenn ich nur das Halfter rauf tue und wartet dann geduldig, bis ich ihn aus der Box führe.

Endlich ist es dann soweit und wir gehen eine Runde durch den Wald. Der ganze Stress fällt von mir ab. Mein Kopf, ich habe manchmal das Gefühl, ich denke die ganze Zeit, wird leer. Meine Konzentration ist nur mehr bei Skippy und dem Weg, den wir gemeinsam gehen. Für Skippy ist ein Spaziergang eine Trainingsaufgabe. Er wird ja nicht mehr geritten und daher ist es für ihn besonders wichtig, dass er aus seiner gewohnten Umgebung rauskommt. Beim Reiten ist es einfacher, verschiedene Reize für das Pferd zu schaffen, so dass es lernt ruhig zu bleiben. Mit Spaziergängen kann man das genauso gut machen, man selbst ist halt mehr zu Fuß unterwegs. Ich versuche mit ihm, immer wieder die Strecken zu variieren. Je nachdem, ob uns mein Hund begleitet, geht die Strecke durch den Wald, über Feldwege oder durch den Ort. Den Radius bestimme ich, da ist der Zeitfaktor natürlich ausschlaggebend.

Das gemeinsame Spazierengehen fördert unser gegenseitiges Vertrauen und den Respekt füreinander. Manchmal bilde ich mir ein zu spüren, wie Skippy und ich zusammenwachsen.

Für mich persönlich ist so ein Spaziergang Stressabbau pur. Kein Telefon läutet, keiner will etwas von mir, es zwitschern einfach nur die Vögel. Und Skippy ist ganz bei mir. Dabei habe ich manchmal das Gefühl, er saugt den Stress aus mir raus. Durch die Konzentration auf ihn, fällt alles andere von mir ab. In dieser Zeit haben weder Sorgen noch Ängste Platz, es gibt nur den gemeinsamen Weg.

Durch die Kommunikation zwischen Mensch und Pferd, wird der Mensch ruhiger. Der Focus verändert sich. Es geht nur mehr darum, den Weg zu gehen oder zu bewältigen. Das Pferd mit seinen feinen Instinkten reflektiert sehr genau, wie der Mensch sich fühlt. Es hat die Gabe, negative Gefühle aufzunehmen. Wenn ich mich schwach fühle und mit Skippy spazieren gehe, fühle ich mich danach stärker. Wenn ich mental müde bin, fühle ich mich danach munterer und frischer.

Skippy ist meine persönliche Burn Out Prävention, die Arbeit mit ihm bringt mich zur Ruhe.

Artikel von 2018

Dieses eine Pferd

Dieser Artikel stammt nicht von mir, er ist von Horse Human Harmony, ich verwende diese Worte, weil sie mir aus der Seele sprechen!

Es kommt irgendwann ein Pferd in dein Leben und sagt dir "Ich bin anders". Deine erlernten Mechanismen und antrainierten Verhaltensweisen funktionieren bei allen Pferden, nur bei diesem einen Pferd nicht!

Davon mal abgesehen, dass jedes Pferd ein Individuum ist und kein Pferd zweimal auf dieser Welt ist, gibt es Pferde die dich zur Verzweiflung treiben, dem Wahnsinn näherbringen und Dich letztlich zum Umdenken auffordern.

Dieses eine Pferd - das Pferd deines Lebens!

Es gibt Pferde die kommen zu dir. Sie suchen dich aus und du kannst der Magie die du fühlst nicht entgehen. Du wirst der "Besitzer" dieses Pferdes, weil du spürst, dass ihr füreinander auf dieser Welt seid. Es ist eine besondere, eine magische Verbindung. Dieses Pferd bringt dich auf den Weg nach Hause, den du dir schon so lange ersehnst!

Aber: Dieses Pferd bringt dir viele Stolpersteine in dein Leben! Umdenken, alte Muster verlassen und eigene Schattenseite anerkennen. Es tut manchmal sehr weh, es werden Tränen geweint und Emotionen gelebt. Wünsche werden "dem Pferd zuliebe" fallen gelassen - Zäumung, Sattel und Haltungsbedingungen geändert. Menschen beginnen die Pferdesprache zu lernen, anstatt auf Turniere zu gehen. Prioritäten verlagern sich, Reitweisen ändern sich - für dieses eine Pferd!

Ich danke hiermit allen Pferden die ihren Menschen den Weg zeigen! Manche flüstern, manche reden und andere Schreien, damit Ihre Menschen ihnen zu hören. Bei manchen Menschen ist es leider vergebens, aber oft funktioniert es tatsächlich. Ich habe den Eindruck es klappt immer öfter. Die Menschen zeigen mehr Bereitschaft sich alternativen Methoden zu öffnen.

Ich danke allen Pferden die es geschafft haben und noch schaffen werden, ihren Menschen das Herz zu öffnen, den letztlich begeben sich diese Menschen auf eine abenteuerliche Reise, die sie sehr viel mehr zu sich selbst bringen wird, als sie das am Anfang glauben.

Der Weg zur Einheit und Harmonie mit dem Pferd, bringt dich zu dir zurück.
Er bringt dich nach Hause!

Schau in die Augen deines Pferdes und du wirst dich selbst erkennen!

Horse Human Harmon 2016

Wenn ich Skippy nicht hätte…

Seit ich Skippy nicht mehr reite, habe ich ständig die Diskussionen, warum ich das Pferd behalte. Er kostet nur Geld. Da Skippy immer schwierig war, höre ich auch oft, dass ich viel mehr Freude gehabt hätte, wenn ich mir damals also vor über 23 Jahren, ein anderes Pferd gekauft hätte. So nach dem Motto, wenn ich ein braves Pferd gehabt hätte…..

So einfach kann man das nicht beantworten. Skippy hat mich ausgesucht. Ich werde nie vergessen, als ich diesen kleinen gescheckten Kerl das erste Mal sah. Er hat mich mit seinem blauen Auge angeschaut. Der Blick hat sich direkt in mein Herz gestohlen, ein anderes Pferd wollte ich nicht.

Aber was wäre wirklich ohne Skippy passiert. Oder besser, was hat mir Skippy „gebracht"?

Das kann ich natürlich nicht wissen, aber ich weiß was durch Skippy alles passiert ist und was mir dieses Pferd alles an Gutem gebracht hat.

Nahezu mein gesamtes soziales Umfeld kommt durch Skippy. Durch das Reiten habe ich sehr viele Menschen kennen gelernt und sehr gute Freunde gewonnen, die mich seit Jahren durch alle Höhen und Tiefen begleiten. Ihr werdet jetzt sagen, dass wäre mit jedem anderen Pferd genauso gewesen. Ich denke aber nicht. Dadurch, dass ich oft Probleme mit ihm hatte, habe ich mich vielen Menschen sehr geöffnet. Diese Menschen haben mit mir gemeinsam überlegt, wie man Abhilfe schaffen kann. Sehr viel Wohlwollen habe ich dadurch erfahren.

Ich habe Kurse gemacht. Ohne Skippy hätte ich mich zum Beispiel im Bereich Bodenarbeit nicht so stark weitergebildet. Unzählige Trainingsstunden hätte ich nicht genommen. In sehr vielen reiterlichen Bereichen hätte ich mich gar nicht weiterentwickelt. Ich hätte kein tolles Reining Pferd gemietet, und das geritten. Den Cutting Kurs hätte ich auch nicht gemacht. Kein Distanzreiten. Viele Erlebnisse hätte ich nicht gehabt.

Für meine Persönlichkeitsentwicklung war Skippy sehr wichtig. Durch die Arbeit mit habe ich auch viel mentale Stärke gewonnen. Aus dem, was ich mit Skippy lernen durfte, die Erfolge, die ich mit ihm hatte, haben mir viel Rückhalt für mein tägliches Leben gegeben.

In Krisenzeiten war er immer mein „Rückzugsgebiet". Ein Ort, ein Pferd, das meine Insel war und ist. Er hat Potentiale in mir geweckt, die ich nie für möglich gehalten hatte.

Ich wäre nicht mal Gemeinderätin geworden. Weil ich den Menschen, der mich dazu gebracht hat, wahrscheinlich ohne Skippy nie näher kennen gelernt hätte. Auch eine Erfahrung, die ich ohne Skippy wahrscheinlich nie gemacht hätte.

Abschließend kann ich sagen – Skippy hat mir viel gebracht und wird mir noch viel bringen. Er ist jetzt 24 Jahre alt, da er total gesund ist, nehme ich mal an, dass ich ihn wahrscheinlich noch

10 Jahre haben werde. Ich werde mit ihm jede Herausforderung meistern. Ich freue mich schon auf viel gemeinsame Zeit!

Artikel aus 2018

Pferdetraining versus Hundetraining

Seit Ostern 2017 habe ich wieder einen Hund. Meine süße Coco ist super niedlich und auch sehr klein, nicht größer als ein Chihuahua. Sie kann ganz süß und unschuldig dreinschauen. Das war´s dann aber auch schon. In Wirklichkeit ist Coco ein richtiges Alpha-Tier und schert sich relativ wenig darum, was ich will. Jetzt, mit 8 Monaten, sollte Sitz und Platz kein Problem sein. So ist es aber leider nicht. Auch sollte sie zu mir kommen, wenn ich sie rufe und sich anleinen lassen – auch das klappt nicht verlässlich.

Nach jahrelangem Parelli-Training mit Skippy habe ich gedacht, dass ich das mit Coco schon gut hinkriegen werden. Die Erkenntnis: Pferdetraining ist ganz anders als Hundetraining. Wenn ich mit dem Pferd trainiere, gehe ich hin und mache das ca. 1 Stunde, den Rest des Tages ist das Pferd eh beschäftigt, mit Koppel, oder fressen oder schlafen. Das heißt für mich konkret, ich brauche nur diese eine Stunde auf meine Körperhaltung und den gesamten Umgang mit dem Pferd achten, und auch nur in dieser Zeit meine eigene Konzentration aufrecht halten.

Beim Hund ist das anders. Mein Hund lebt ist fast 24 Stunden am Tag neben mir und beobachtet mich, was ich tue und wie ich es tue. Das heißt, ich muss im Umgang mit Coco ständig darauf achten, was ich tue und wie ich das tue. Ich war zum Beispiel der Meinung, dass wenn sie nur lang genug an der Leine zieht, sie dann mal kurz nachlässt und ich sie lobe, dass das der richtige Trainingsschritt ist. Weit gefehlt. Beim Pferd hat das funktioniert, beim Hund nicht. Coco zieht noch immer an der Leine.

Ich habe viel ausprobiert und viel nachgedacht. Grundsätzlich sind das ja zwei ganz verschiedene Tierarten. Das Pferd ist ein Fluchttier, der Hund ist ein Jäger. Skippy ist eher ein unsicheres Tier, Coco strotzt vor Selbstbewusstsein und ist komplett angstfrei.

Wie aber umgehen mit dem starken Charakter von Coco?

Ich muss das Alpha Tier sein. Das musste ich mit Skippy lernen und das muss ich auch mit Coco lernen. Und eines muss ich mir auch immer wieder vor Augen halten: bei Skippy hat das Training auch nicht nur ein paar Monate gedauert, und ich musste sehr konsequent sein. Jetzt mit Coco gilt dasselbe. Wir machen zwar täglich kleine Fortschritte, aber die sind teilweise winzig.

Nach einiger Arbeit und sehr viel Beschäftigung läuft es täglich besser. Wir werden ein Team.

Artikel von 2017

Skippy ist glücklich

Skippy ist ein Pensionspferd geworden. Ich mache mit ihm Bodenarbeit, gehe mit ihm spazieren. Und ich habe ganz stark das Gefühl, dass er sehr glücklich ist. Er ist entspannt. Am meisten beeindruckt mich, dass er so leicht zu handeln ist. Als ich ihn noch geritten habe, war es immer so ein 50:50 Spiel, ob er brav ist oder er wieder seinen Spinner bekommt. Seit ich nur Bodenarbeit mache, hat sich das sehr verändert. Mein Pferd ist wieder mal zu meinem Lehrer geworden. Pferd als Lehrer – er hat mich gelehrt, er will nicht geritten werden.

Am Karfreitag war ich mit ihm grasen und dann kamen die Ratschenkinder. Der Wirbel war enorm. Skippy hat sich auch sehr aufgeregt. Aber es war mir möglich, ihn gut in die Box zu bringen. Er hat sich aufgeblasen, trotzdem hat er aber auf mich gehört, auf mich geachtet. Und das ganz ohne Worte. Auch dass er mir, wie früher oft, viel zu nahekommt, ist nicht passiert. Sein Abstand zu mir war okay, er war aufgeregt, aber durchaus zu kontrollieren. Mein Pferd achtet jetzt auf mich.

Das sind für mich ganz neue Perspektiven. Solange ich geritten bin, habe ich diese Seite an ihm kaum gekannt. Vor allem, wenn er mal auf 180 war, kam er nicht mehr runter. Diese Zeiten sind vorbei.

Weil er so gut mitarbeitet und für seine Verhältnisse so ruhig ist, war meine Entscheidung, ihn nicht mehr zu reiten, die richtige. Anfänglich habe ich mir Sorgen gemacht, aber jetzt sehe ich, dass er ein richtig entspanntes Pferd geworden ist.

Ich werde mit Skippy noch viele Jahre ganz viel Freude haben.

Und was ist mit reiten? Ich reite, ich reite ganz tolle Pferde und habe auch viel Spaß dabei. Jetzt bevorzuge ich entspanntes Reiten, mit Pferden, die mir Sicherheit geben. Ja ich bin auch glücklich. Ich lerne mit Cisco und Chayenne sehr viel. Beide sind einzigartig in Ihrer Art. Vor allem habe ich ganz viel Freude mit den beiden.

Was aber habe ich gelernt? Ich habe gelernt, mein Pferd auch mal einfach Pferd sein zu lassen. An Skippy habe ich jahrelang „herumgedoktert". Manche Dinge haben geholfen, manche haben die Situation nur noch mühsamer gemacht. Am meisten hat mir persönlich das Parelli – Training gebracht. Das hat mir ganz viele Möglichkeiten aufgezeigt, was ich mit meinem „Nicht-Reit-Pferd" machen kann. Jetzt habe ich ganz viele Erfolgserlebnisse mit meinem Pferd. Das hat uns einander nähergebracht, ganz ohne Reiten.

Artikel von 2017

Jahresrückblick 2016

Das Jahr neigt sich dem Ende und alle halten Rückschau. Ich auch. Für mich geht ein reiterlich interessantes und sehr bewegtes Jahr zu Ende. Ich habe für mich wichtige und gute Entscheidungen getroffen. Entscheidungen, die mir selbst sehr gutgetan haben.

Skippy: Letzte Woche habe ich Skippy´s Sattel zum Verkauf gegeben. Damit habe ich endgültig das Thema – ich reite Skippy wieder – abgeschlossen. Er ist jetzt ganz offiziell in Pension.

Interessant ist, dass jetzt jeder versteht, warum ich Skippy nicht mehr reite. Jahrelang hatte ich mit anderen die Diskussionen darüber, warum ich mich nicht rauf setze, er ist ja eh so brav. Seit meinem Unfall am 11. Dezember 2014 hat mich das niemand mehr gefragt. Er mag das, ihm gefällt meine Entscheidung. Bei der Bodenarbeit ist er super brav und willig. Sein Headshaking hat fast ganz aufgehört. Ich habe den Eindruck, dass er noch nie so entspannt war wie jetzt. Mein Unfall mit ihm ist ganz tief in meinem Kopf, deswegen denke ich nicht, dass ich je wieder entspannt und selbstbewusst auf ihm sitzen kann. Beim Reiten werde ich nie wieder die Sicherheit aufbringen, die er braucht. Diese Gründe haben mich in meinem Entschluss bestärkt.

- Chayenne: Ein Pferd wie ein Fels in der Brandung! Ich kann mich nicht erinnern, auf ihr jemals Angst gehabt zu haben. Sie hat mir Sicherheit gegeben, als ich nach meinem Unfall wieder mit dem Reiten begonnen habe.

Ihr unerschütterlicher Charakter nimmt mir alle Angst und Unsicherheit. Jeder Ausritt mit ihr ist ein Genuss. Genauso stelle ich mir reiten vor.

- Jesse: Sie zu finden war mein größtes Geschenk im Jahr 2016. Mit Jesse ist alles so unglaublich einfach, so unkompliziert. Sie ist das einzige Pferd, das ich momentan reite, das ich selbst satteln kann – leider habe ich noch immer körperliche Nachwirkungen meines Unfalls. Jesse hat mir gezeigt, dass ich noch Western reiten kann. Stopps und Spinns – für sie alles kein Problem und mir macht es großen Spaß. Sie gibt mir Sicherheit und nimmt mir die Angst. Endlich konnte ich einfach reiten, ohne zu überlegen, ob das Pferd heute unruhig ist oder nicht, ob der Wind geht, die Sonne scheint, oder jemand ums Eck kommt.

- Johnny: der liebe Johnny war reiterlich eine echte Herausforderung. Und siehe da, auch von ihm nehme ich etwas mit. Ich reite besser, als ich gedacht habe. War auch eine interessante Erfahrung, mal wieder zeigen zu können, was man kann.

Danke an Conny, die mir immer beisteht, wenn ich unsicher werde – mit unerschütterlicher Geduld für mich Chayenne sattelt, mir immer gute Ratschläge gibt und gemeinsam mit mir nach Lösungen sucht. Du hast so viel für mich getan!

Artikel von 2016

Die kalte Zeit

Bei uns regnet es jetzt fast jeden Tag. Wenn es nicht regnet ist es neblig und kalt. Um 17 Uhr ist es finster.

Das sind alles Faktoren, die mir den Antrieb nehmen, mit meinem Pferd etwas zu tun.

Mein Pferd steht in einem Stall ohne Halle. Das heißt wir sind sehr abhängig vom Wetter. Ja ich kenne sie auch, diese Menschen, denen das egal ist. Aber mir ist es nicht egal. Nach einer regnerischen Woche, kann man bei uns nicht mal mehr das Viereck benutzen.

Und bitte ja sicher, kenne ich diese Reiter auch, denen das egal ist und die einfach ausreiten gehen. Ich bin aber nicht so. Da mein Skippy ja kein Reitpferd mehr ist, ist das spontane Ausreiten nicht möglich. Spazieren gehen ist mühsam, da alle Wege gatschig und rutschig sind. Der Platz ist unter Wasser – also auch kein longieren möglich. Die nächste Hürde, die Pferde kommen erst so gegen 16 Uhr in den Stall, das heißt es wird gleich finster.

Ja meine Lieben – und ich weiß auch, dass das alles Ausreden sind. Aber für mich ist es ehrlich gesagt, enorm schwer, mich dann noch zu motivieren, mit dem Pferd etwas zu tun. Momentan belasse ich es dabei, Skippy den Gatsch regelmäßig runter zu striegeln um Platz für neuen Gatsch zu schaffen.

Wirklich bedauere ich aber gerade in dieser Zeit Reiter, deren Pferde im Offenstall stehen. Gatsch soweit das Auge sieht. Alles ist nass und dreckig.

Meine aufrichtige Bewunderung gilt jenen Reiter – und ich kenne manche davon sogar persönlich – die dem allen trotzen und täglich ihr Pferd bewegen. Es stimmt schon, es gibt kein schlechtes Wetter, sondern nur die falsche Kleidung – trotzdem!!

Jetzt aber genug gejammert. Das Wetter ist so wie es ist, es wird dann dunkel, wenn es halt wird. Rein in die warmen Sachen, ab zum Pferd und es wird beschäftigt.

Artikel von 2016

Sei freundlich zum Pferd

Unlängst habe ich bei einem Trail-Training zugesehen. Eine Bekannte von mir hat eine 3-jährige Quarterstute, die den Trail noch nicht wirklich kennt. Die Stute war total brav. Mir ist aufgefallen, dass sie unheimlich freundlich zum Pferd war. Während der Arbeit hat sie ihre Stute immer gelobt, gelächelt, weil es Spaß gemacht hat, zu sehen, wie die Stute sich bemüht.

Alle Pferdebesitzer, die ich kenne sind freundlich zu ihren Pferden. Doch gilt das auch immer beim Reiten? Beim Reiten vergessen wir oft auf die Freundlichkeit, die wir dem Pferd im Stall gönnen. Im Stall ist es ganz normal, zu kuscheln, zu streicheln und die eine oder andere Karotte zu füttern. Beim Reiten sind wir oft zu konzentriert, belohnen viel zu wenig. Belohnung ist Freundlichkeit, dem Pferd zu zeigen, wie froh man darüber ist, dass es mitarbeitet und sich bemüht alles richtig zu machen.

Einige Pferdeflüsterer haben dies zu ihrer Devise gemacht – sei freundlich zum Pferd!

Das Pferd meiner Bekannten bekommt auch unter dem Sattel eine große Portion Freundlichkeit. Und die Stute dankt es ihr!

Seid freundlich, lobt das Pferd auch für Kleinigkeiten und ihr gewinnt einen Freund!

Artikel 2016

Der Unfall

Der 11.12.2014 hat mein Leben verändert. Genau eine Woche nach meiner Scheidung ist es passiert. In der Früh fuhr ich wie immer zum Reiten. Es war kalt – zuerst mal die Pferde füttern. Diese halbe Stunde in der Früh genoss ich immer sehr, wenn die Pferde sich zu regen beginnen und ungeduldig aufs Heu warten. Skippy konnte ein paar Tage nicht geritten werden, weil er so stark gehustet hat. Aber an diesem Tag war es endlich wieder soweit. Wir putzten ihn zu zweit, weil er so dreckig war. Er war auch beim Satteln diesmal sehr brav. Dann nichts wie raus auf den Reitplatz. Beim Circeln war er ruhig und gelassen, sehr viel konnte ich nicht machen, weil der Platz gefroren war, trotzdem ging es ganz gut.

Das alte Lied – Skippy begann sofort nach dem Aufsteigen zu buckeln, wie immer gab er mir die Gelegenheit, abzusteigen. Mein Fehler war, dass ich diesmal nicht abstig – ich weiß noch wie ich dachte – nein heute nicht. Dann stieg ich doch ab, unfreiwillig. Skippy machte einen Satz und ich lag unten. Zuerst dachte ich noch, ich habe mir nur den Arm gebrochen, doch es war viel schlimmer.

Mein linker Arm riss zu 2/3 ab. Arterie gerissen, alle Bänder gerissen, Muskel gerissen, Nervenstrang stark überdehnt. Fast 7 Stunden Notoperation. 3 Monate Schiene – ein Jahr Physiotherapie. Ich kann den Arm nie wieder ganz ausstrecken und habe wenig Gefühl in zwei Fingern, ich spüre den Ellbogen jeden   Tag.
Ich hatte Glück im Unglück, ich konnte den Unterarm behalten, obwohl der operierende Arzt anfänglich eher skeptisch war.

Drei Monate lang konnte ich nicht Auto fahren und kümmerte mich nur sehr wenig um Skippy. Meine Freundinnen haben ihn ab und zu geputzt, aber nicht mehr. Jeder hatte Angst vor ihm, es traute sich keiner, mit ihm zu arbeiten. In dieser Zeit, in der ich zur kompletten Untätigkeit verurteilt war, war ich besessen davon, jemanden zu finden, der für mich Skippy wieder „reitbar" macht. Dieses Vorhaben scheiterte. Vor allem an meiner Angst.

Fünf Monate nach dem Unfall saß ich wieder im Sattel. Nein – nicht in Skippy´s Sattel. Die liebe, gute Chayenne gab mir den Mut und die Sicherheit, wieder zu reiten.

Für Skippy hatte ich noch immer keine Lösung. Mit ihm machte ich einfach nur Bodenarbeit, selbst da musste ich meinen ganzen Mut zusammennehmen. Mir kam vor, nicht nur ich hatte den Schock vom Unfall davongetragen, sondern auch er. Wir mussten uns erst langsam wieder aneinander gewöhnen und ich musste meine Angst vor ihm abbauen. Geritten habe ich Skippy bis heute nicht mehr. Der Sturz läuft wie ein Film manchmal in meinem Kopf ab, ich habe einfach Angst davor.

Ich ritt ab und zu auf Chayenne, nahm auch manchmal Stunden. Und dann, mehr als 1 Jahr nach meinem Unfall, fand ich auf Facebook eine Anzeige für eine Mitreitgelegenheit ganz in meiner Nähe. Super Pferd – super Trainer- noch bessere Besitzer. Kurz – ich fand Jesse – ein Pferd, das durch nichts aus der Ruhe zu bringen war. Da Jesse ein richtiger Profi ist, kann ich endlich wieder richtig Western reiten und das was ich nicht kann, zeigt mir Jesse.

Plötzlich merke ich – ich kann ja reiten. Die letzten Jahre mit Skippy waren ja davon geprägt, ihn zu reiten, ohne dass er buckelt, die Technik ist dabei etwas eingeschlafen.

Aber was ist mit Skippy:

Er wird nicht geritten. Wir machen regelmäßig Bodenarbeit. Sein Headshaking hat komplett aufgehört, seit ich ihn nicht mehr reite. Skippy ist jetzt 22 Jahre alt und in Reit-Pension. Manchmal träume ich davon, ihn wieder zu reiten. Doch ich stresse mich damit nicht mehr und ihn auch nicht.

Immer wieder höre ich von anderen, dass ich ihn weggeben soll, damit ich ihn nicht noch die nächsten 10 Jahre durchfüttern muss. Als Reitpferd kann ich ihn nicht hergeben, das Buckeln hat sich dafür zu stark bei ihm manifestiert. Als Beistellpferd will ich ihn nicht hergeben, er muss, um gesund zu bleiben, regelmäßig bewegt werden. So ist er in meiner Nähe, in seiner vertrauten Umgebung und er fühlt sich – so hoffe ich – absolut wohl in seiner Box und auf der Wiese mit seinen Pferdefreunden. Wenn wir gemeinsam arbeiten ist er ruhig und entspannt und macht alles mit.

Ich kann ihn nicht weggeben, weil er zu mir gehört. Er ist mein Lebenspferd. Fast alle Freunde, die ich heute habe, habe ich durch ihn. Und ich habe die besten Freunde der Welt. Durch ihn habe ich gelernt, nie aufzugeben, an Dingen dran zu bleiben, privat wie beruflich. Er hat mich ja nicht absichtlich so schwer verletzt, vielleicht hat er einfach nur gedacht, dass ich mal kapieren soll, dass ich reiterlich woanders hingehen soll. Das habe ich jetzt kapiert.

Durch den Unfall habe ich so viel Gutes erlebt.

- Mein Umfeld hat mir gezeigt, dass ich nicht allein bin.
- Ich konnte mich endlich von falschen Familienbanden lösen, durch Einsicht.
- Ich bin geistig gewachsen und habe viel gelernt.
- Ich habe viel Liebe und Anerkennung erfahren.
- Ich habe neue Freunde gefunden.

Ohne ihn wäre ich heute nicht da, wo ich bin. Dafür bin ich dankbar. Er hat mir, wenn auch auf harte Weise wieder mal geholfen, den richtigen Weg einzuschlagen.

Er hat mich gelehrt – niemals aufzugeben

Artikel von 2016

Der Unfall und die Historie

Ich habe Skippy 1995 als Absetzer gekauft. Ich weiß noch, wie alle sagten, dass er ein richtiger Professor ist und es faustdick hinter den Ohren hat. Das war auch richtig. Er hatte hunderte dumme Ideen, fädelte mit dem Huf im Gitter der Box ein, versuchte über die Stallmauer zu steigen usw. Gott sei Dank hat er alles unbeschadet überstanden.

Er wuchs in einer Herde gleichaltriger Hengste auf. Optimale Voraussetzungen für einen jungen Hengst. Leider wurde er extrem dominant, vor allem seinen Kumpeln gegenüber. Weil ich dann auf Hochzeitsreise fuhr, musste ich ihn noch bevor er 2 Jahre alt wurde kastrieren lassen.

Dann stand er mit zwei Hengstfohlen auf der Koppel, die hatten echt viel Spaß. Beim Einreiten war er brav und willig, er hat zwar probiert zu steigen, aber das wurde ihm letztendlich abgewöhnt. Danach bekam er ein Jahr Pause. Während dieser Pause sprang ihm leider das hintere Knie raus und wir bekamen die Diagnose – zu lange Bänder in den Knien – er bekam einen Spezialbeschlag, stoppen und spinnen war allerdings vorbei noch bevor es angefangen hat.

Skippy wurde als Freizeitpferd ausgebildet, ging zwar auch ab und zu auf Shows bis er fünf wurde, aber nur zwei oder dreimal im Jahr.

Mein Tierarzt riet mir, noch gezielteren Muskelaufbau für die Hinterhand zu machen, damit wir das Bänderproblem in den Griff bekommen. Wir fingen mit Distanzreiten an. Das war genau das Richtige für Skippy, er war zwar nicht schnell, aber ausdauernd. Vom Körperbau her war er nie der vollkommene Quartertyp, sondern eher schlaksig. Das Training passte ihm optimal, sein Kopf wurde klarer und er konnte sich bewegen.

Als er sechs wurde, zogen wir um, nach Dörfles – dort steht er heute noch. Distanzreiten ging auch hier super, da war er entspannt und ausgepowert, genau was er brauchte. Und im Nachhinein hatte er bisher noch nie in seinem Leben gebuckelt.

Skippy´s Entwicklung

Mein Pferd war immer schon eher unruhig und nervös. Er braucht klare Ansagen, bekommt er diese, ist alles gut. Aber bekommt er die nicht, dann versucht er Hals über Kopf und ohne Nachdenken hektisch der Situation zu entfliehen. Skippy braucht Bewegung und ganz viel Beschäftigung. Das war für mich nicht immer ganz einfach, aber wir kamen zurecht.

Dann wurde ich schwanger, ritt noch bis zum 6. Monat, dann meinte der Arzt, ich sollte damit aufhören. Damit Skippy nicht langweilig herumsteht, habe ich mich bemüht, Mitreiter zu finden. Das war nicht leicht. Doch ich fand welche.

Das Buckeln begann. Kurz nach der Geburt meines Sohnes hatte ich einen Lungeninfarkt. So war ich fast ein weiteres Jahr außer

Gefecht und konnte mich kaum um Skippy kümmern. Skippy wurde immer schwieriger – nicht nur beim Reiten, sondern auch im Umgang. Die Mitreiter gaben auf. Als ich dann wieder halbwegs fit war, um mit ihm zu arbeiten, kam er mir wie eine tickende Zeitbombe vor. Er war ständig kurz vorm explodieren. Ich bekam Angst, machte dadurch immer weniger mit ihm. Auch die Trainer, die ich holte, konnten mir die Sicherheit mit ihm nicht zurückgeben. Skippy buckelte und führte sich auf, meine Angst hat das alles noch mehr aufgeschaukelt. Vor allem kam er nicht mehr „runter", wenn er sich aufgeregt hat. Das war das, was mir am meisten Angst machte. Die Spinnerei beim zurück bringen in den Stall war oft so arg, dass mir die Knie zitterten. Manchmal habe ich den Strick losgelassen, ich wollte einfach, dass er ohne mich heim geht. Aber das tat er nicht, sondern blieb einfach neben mir und führte sich weiter auf.

Gesundheitscheck

Als Erstes begann ich, alle möglichen Untersuchungen bei Skippy machen zu lassen. Omnipathie, Homöopathie, Chiropraktik, Röntgen, Bioresonanz, Cranio, Sattel – ich versuchte alles (zumindest alles was greifbar war). Von den verschiedenen beruhigenden Futterzusatzstoffen und Kräutern spreche ich gar nicht mehr. Nichts hat genützt, Skippy beruhigte sich nicht. Es fand auch keiner wirklich ein größeres Problem. Es wurde immer schlimmer.

Horsemanship Kurs

Jede Minute mit Skippy war für mich ein Glücksspiel. Entweder er rastet aus oder nicht. Das war schon immer bei ihm so – 30 Mal hintereinander ging er wie ein Lamm, das 31. mal rastete er völlig aus. Da war es ganz egal, ob die Sonne schien, der Wind ging, es kalt oder warm war, ich ritt oder ihn nur longierte, es war wie Lotto spielen.

Die Rettung, zumindest für den täglichen Umgang, war ein Horsemanship-Kurs. Wir lernten gemeinsam, uns wieder anzunähern. Ich lernte, wie ich ihn beschäftigen kann und besser auf Signale, die er mir sendet hören kann. Skippy war mir unendlich dankbar, dass ich wieder Führungsarbeit leistete. Er liebte es, von mir klare Aussagen zu bekommen und diese zu befolgen. Vom Boden aus war es, nach monatelanger Arbeit mit der Technik, endlich viel besser. Ich konnte immer und zu jeder Zeit gut mit ihm umgehen.

Das Buckeln beim Reiten war dann doch nicht so leicht in den Griff zu bekommen. Die Horsemanship Trainerin fand keine Lösung. Ich holte mir wieder einen anderen Trainer – Christoph Allgäuer. Der verstand Skippy dann endlich! Wir haben wieder viel am **Einander** Verstehen gearbeitet. Und – ich stieg einfach ab, wenn Skippy zu buckeln begann. Er machte das so: er buckelte einmal und blieb stehen, dann konnte man absteigen. Stieg man nicht ab, buckelte er so lange, bis man unfreiwillig unten war. So servierte er auch die besten Reiter ab. Wenn ich abstieg, habe ich ihn enorm intensiv vom Boden aus, gearbeitet. Nach ca. 20 Minuten konnte ich dann wieder aufsteigen und ohne buckeln reiten. Anders ging es nicht, jede andere Form –

eindrehen, Gas geben, drüberreiten etc. – haben wir ausprobiert und alles hat nur mit Stürzen geendet.

Wir haben gemeinsam einen akzeptablen Weg gefunden.

Der Unfall wurde dadurch verursacht, dass ich nicht abgestiegen bin. Ich weiß heute ganz genau was ich gedacht habe – ach nein, heute geht es auch so. Es ging nicht.

Skippy heute

Wie ja bereits bekannt, wurde ich sehr schwer verletzt. Seitdem bin ich auf Skippy nicht mehr aufgestiegen. Ich habe nicht das Gefühl, dass ihm das was ausmacht. 5 Monate nach meinem Unfall begann ich wieder mit Bodenarbeit. Das macht er gerne und da haben wir auch seine Emotionen fest im Griff. Ich weiß, dass er sich bewegen muss und auch viel zum Denken angeregt werden muss. Leider ist es auch ein MUSS, manchmal, er braucht die Regelmäßigkeit. Unser Umgang miteinander ist so total angenehm. Ich habe einfach Angst davor, ihn wieder zu reiten. Es gibt Zeiten, in denen sehne ich mich auf seinen Rücken, dann kommen mir wieder die Bilder meines Sturzes in den Sinn und ich fürchte mich davor.

Ich habe das Gefühl, er ist total glücklich so wie es jetzt ist.

Mein ganz spezieller Skippy ist mit 22 Jahren pumperlgesund und schon in Pension – Frühpensionist halt. Aber ihn scheint das nicht zu stören, solange wir gemeinsam etwas tun. Und das tun wir. Er hat den Abschied vom Reitpferd-Dasein am 11.12.2014 genommen.

Manchmal habe ich den Eindruck, er wollte gar kein Reitpferd sein. Das hat auch der Tierarzt über ihn gesagt. Er ist heute viel ruhiger und aufmerksamer mir gegenüber als er es noch vor einiger Zeit war.

Wir gehen unseren gemeinsamen Weg weiter!

Artikel von 2016

Trainingsplan

Nein der Trainingsplan ist nicht für Skippy – sondern für mich.

Alle Reiter kämpfen mit dem Vorurteil, dass Reiten kein Sport ist. Wir sitzen ja nur oben und das Pferd bewegt sich. Sobald aber jemand versucht, reiten zu lernen, spürt er jeden Muskel, selbst wenn derjenige gut trainiert ist. Jeder Reiter weiß nur zu gut, wie anstrengend "richtig" reiten ist.

Seit ich Jesse reite, weiß ich genau, wo meine körperlichen Grenzen sind. Einerseits ist Jesse ein echter Profi, da muss ich alles "rausreiten", einfach draufsitzen und hoffen, dass das Pferd das Richtige tut, ist da viel zu wenig. Dazu kommt, dass ich oft mit Trainer reite. Der fordert mich auch ordentlich. Nach dem Training habe ich oft tagelang Muskelkater.

Nach meinem Reitunfall im Dezember 2014, reite ich nur ein- oder zweimal die Woche. Um wirklich fit zu sein, reicht das nicht. Dazu kommt, dass mich mein Unfall grundsätzlich körperlich zurückgeworfen hat. Über Monate konnte ich nur wenig Sport betreiben, ich konnte mich lange kaum bewegen.

Ganz ehrlich – der Fitnessfanatiker war ich noch nie, aber so schlecht, wie ich jetzt drauf bin, war es schon lange nicht mehr. Ich bin jetzt 47 Jahre alt und muss daher die Gelegenheit ergreifen, meinen Körper wieder auf Vordermann zu bringen. Mit den Jahren wird das nicht einfacher.

Beim Reiten wird die Rumpfmuskulatur und die Oberschenkelmuskulatur am meisten beansprucht und damit auch gestärkt. Die gehört jetzt trainiert, ist ja eh kein Fehler, so wird alles etwas straffer.

Doch nicht nur Muskelkraft ist wichtig, sondern auch Lockerheit, Flexibilität und Beweglichkeit. Richtig Dehnen gehört da dazu. Ich mache dafür Yoga, das dehnt einerseits und stärkt andererseits auch die Muskeln. Das Wichtigste ist aber wie bei allem – die Überwindung des "inneren Schweinehundes". Dieses Jahr arbeite ich nicht an meiner Bikinifigur, sondern an der Stärkung meines Körpers. Denn das, was ich hier beschrieben habe ist nicht nur fürs Reiten wichtig, sondern allgemein gut für den Körper.

Wir Reiter machen sehr oft für unsere Pferde einen Trainingsplan, den wir wirklich penibel einhalten. Jetzt mache ich einen für mich!

Ich mache es auch deswegen, damit ich Jesse noch mehr genießen kann – und eine Reitstunde mit dem Trainer auch endlich mal zu Ende reiten will und nicht nach 40 Minuten wegen Atemnot aufhören muss.

Artikel von 2016

Happy Birthday Skippy

Lieber Skippy, du wirst heute 22 Jahre alt. Und du bist seit mehr als 21 Jahren bei mir. Du hast es bis jetzt am längsten von allen mit mir ausgehalten. Wir haben wirklich bewegte Zeiten hinter uns.

Deine "Jugend" war geprägt von ganz viel Spaß und viel "Hengst sein". Aber das bekamen wir in den Griff. Einreiten war kein Drama – du warst jederzeit bereit, was dazu zu lernen. Wir haben gemeinsam sehr viel ausprobiert, Western, Distanzreiten, sogar Springen war dabei (das kannst du übrigens wirklich gut für ein Paint).

Viele gemeinsame Ausritte haben uns zusammengeschweißt. Du warst gelehrig, rittig, nicht immer einfach, aber wir beide kamen zurecht.

Leider hatten wir auch sehr schwere Zeiten miteinander, geprägt von Unverständnis und Angst. Ich hatte zu wenig Zeit für dich und falsche Berater, so kamen einige harte Jahre auf uns zu. Doch auch das haben wir gemeinsam gemeistert.

Durch dich habe ich so viel gelernt, wie ich wahrscheinlich mit keinem anderen Pferd gelernt hätte. Wir haben uns beide immer bemüht, es irgendwie gemeinsam zu schaffen. Nicht immer hast du mir alle Fehler verziehen, aber ich habe gelernt.

Und was ist heute – ja auch durchwachsen. Heute reite ich dich aus Angst auch nicht mehr. Aber wir verbringen trotzdem schöne Stunden miteinander. Ich habe sogar das Gefühl, dass du ruhiger geworden bist, seit ich dich nicht mehr reite.

Du warst für mich immer ein „Rückzugsort", zu dir konnte ich immer kommen, wenn ich Probleme hatte, mir zu viel im Kopf herum ging. Gab es für mich schwere Zeiten, hast du mich runtergeholt. Selbst als ich in eine ganz neue Umgebung zog – mit dir gemeinsam – warst du es, der dafür gesorgt hat, dass ich neue Freunde finde. Du hast dafür gesorgt, dass ich lerne, nie verzweifle und einfach meinen eigenen Weg gehen kann, ohne schlechtes Gewissen.

Ich hoffe, wir verbringen noch ganz viele schöne Jahre gemeinsam. Ob auf deinem Rücken oder neben dir ist mir egal. Ich hoffe du bleibst auch noch ganz lange gesund. Vielleicht warten ja noch ein paar neue Aufgaben auf uns. Wer weiß was das Leben noch bringt.

Lieber Skippy – **DANKE** – lass dir die Geburtstagskarotten schmecken.

Artikel vom 1. Mai 2016

Das gehört auch dazu…

Wenn ich in Weikersdorf Jesse reite, treffe ich ab und zu eine junge Frau, die mit ihrem alten Wallach an der Hand spazieren geht. Dem Pferd sieht man sein Alter an, und er hat auch einen sehr schwerfälligen Gang. Ich habe dann einmal kurz mit ihr geplaudert. Er hat sich von einer Kolik nicht mehr so gut erholt und jetzt geht sie halt mit ihm spazieren – Bewegung ist wichtig – reiten kann sie ihn nicht mehr. Sie wird solange er noch lebt, mit ihm spazieren gehen. Dann hat sie etwas gesagt, bei dem mir die Tränen gekommen sind. DAS GEHÖRT AUCH DAZU! Nicht nur reiten gehört zu einem Pferdebesitzer-Dasein.

Ich weiß auch nicht, ob ich Skippy jemals wieder reiten werde. Sehr oft werde ich gefragt, warum ich ihn nicht weggebe, mir ein Pferd kaufe, das ich reiten kann. Für mich ist das unmöglich. Ich gebe ja auch meinen fast 16 Jahre alten Hund nicht her, nur weil meine Lucky inzwischen blind, halb taub und ein bisschen verwirrt ist. Nur weil ich mit ihr keine langen Spaziergänge mehr machen kann und sie ab und zu ein Lackerl ins Haus macht. Das gehört für mich halt auch dazu.

Die Tiere, die einmal zu mir gekommen sind – und die haben mich alle gefunden, waren nicht von mir ausgewählt, sondern einfach da – die bleiben bis an ihr Lebensende bei mir. Sie sind ein großer und wichtiger Teil meines Lebens, und das dürfen sie auch bleiben. Bis zum Schluß.

Das gilt auch für Skippy. Natürlich kostet er monatlich Geld, aber ich hätte keine ruhige Minute, wenn ich ihn aus der Hand geben würde. Ich habe das einmal bei einer Freundin erlebt, sie gab ihr altes Pferd, das Arthrosen hatte her. Ein paar Monate später kam das Pferd dann wirklich krank wieder zurück. Damit könnte ich nicht leben.

Ich bin immer sehr gerührt, wenn mir Menschen begegnen, die ähnlich denken wie ich. Und ich bin auch sehr froh, dass es diese Menschen gibt.

Artikel April 2016

Regelmäßigkeit

Wir alle nehmen uns vor, unsere Pferde regelmäßig zu reiten, oder zu trainieren. Viel zu oft gelingt uns das nicht. Die häufigste Ausrede ist – ich habe keine Zeit. Doch dazu kommen noch viele andere:

- Ach heute ist es zu windig

- Der Boden ist zu hart

- Ich glaube es wird bald regnen

- Heute ist es zu heiß

- Es wird bald dunkel

- Und so weiter....

Und so kann es noch ewig weiter gehen. Ich kenne alle ganz genau und habe diese Ausreden oft genug in den Mund genommen.

Momentan ist das Wetter auch schon wieder so – na wie oben beschrieben. Es ist kalt, nass – einfach grauslich, aber morgen, morgen kommt Skippy wieder dran.

Doch nur durch Regelmäßigkeit sind die Pferde auch wirklich ausgelastet. Es gibt Pferde, denen es egal ist, ob sie geritten oder gearbeitet werden. Skippy ist nicht so. Er will arbeiten. Außerdem ist er jetzt schon über 20 Jahre alt – das heißt ich muss ihn regelmäßig arbeiten, um ihn gesund zu erhalten. Das nehme ich mir wirklich fest vor.

Und heute ist es schon wieder so grauslich, dass ich gar nicht raus will, aber es nützt nichts – dicke Jacke, Haube, Handschuhe und los geht´s! Skippy wird sich freuen!

Artikel März 2016

Fremdreiten

Ich habe gerade die einzigartige Möglichkeit, ein super tolles Pferd zu reiten. Jesse – eine voll ausgebildete, total verlässliche Quarterstute – mehrfacher Champion in der Reining.

Seit mehr als 15 Jahren habe ich so ein Pferd, noch dazu auf solch einer tollen Anlage, nicht mehr geritten. Alles ist so anders als mit meinem Skippy. Jesse aus der Box nehmen, in den Walker geben, damit sie sich im Schritt schon aufwärmen kann, danach Decke runter und putzen.

Auch das ist ganz anders als bei Skippy – es gibt praktisch keinen Putzaufwand, einfach das seidige Fell bürsten, die Mähne kurz einsprühen, Bandagen rauf, satteln und es kann schon los gehen, ab in die Halle. Zu dieser Jahreszeit müsste ich Skippy erst mal eine halbe Stunde putzen, um den Gatsch aus dem Winterfell zu bekommen. Ruhig stehen beim Satteln gab es bei ihm auch nicht. Jedes Mal war da meine eigene Unsicherheit – wie benimmt er sich heute?

Jesse steht ruhig, lässt alles mit sich machen, die ist ein echter Profi. Durch die Halle brauche ich keine Sekunde zu überlegen, ob der Boden passt, es zu nass, gefroren oder zu windig ist. Da heißt es einfach nur – Tor frei – und rauf aufs Pferd. Rauf auf ein Pferd, das auf alles reagiert und zwar auch auf noch so kleine Fehler von mir. Und was passiert, wenn ich einen Fehler mache – nichts, sie bleibt stehen. Sie ist für mich wie eine Lebensversicherung, sie gibt mir dadurch extrem viel Sicherheit. Jesse zu reiten, ist für mich wie eine Wellness Behandlung. Dazu kommen die Stunden mit dem Trainer. Seit Jahren habe ich beim Reiten nicht mehr gehört, dass es eh super funktioniert und gut geht. Jahrelang dachte ich, ich kann gar nicht reiten. Der Trainer sagt jetzt was anderes. Auch das ist ganz wunderbar.

Ich lerne mit Jesse, sie ist jetzt auch meine Lehrerin. Sie lehrt mich, dass Reiten nicht immer stressig sein muss, sondern auch extrem entspannend sein kann. Mir machen die Trainingsstunden wahnsinnig viel Spaß.

„Wer ein Pferd reitet, borgt sich Freiheit" Unknown

Einen Wehrmutstropfen gibt es. Ich habe ein super schlechtes Gewissen gegenüber Skippy. Als würde ich meinen Partner betrügen. Jedes Mal nach Jesse fahre ich bei ihm vorbei und er bekommt ein paar Karotten. Aber das reicht nicht, Skippy braucht "Arbeit". Vor lauter schlechtem Gewissen, arbeite ich jetzt wieder konsequent mit ihm. Das tut mir und ihm gut.

Eines habe ich gelernt, ich kann mehr als mir manche Menschen weis machen wollten. Ich kann viel, ein bisserl sind meine Kenntnisse verschüttet, aber sie sind da. Darauf bin ich total stolz.

Jesse – die gönn ich mir einfach!

Artikel Feber 2016

Liebevolle Achtsamkeit

In letzter Zeit ist der Begriff – liebevolle Achtsamkeit – ein häufig gelesener Begriff in den sozialen Medien. Viele von uns versuchen liebevolle Achtsamkeit gegenüber unseren Mitmenschen zu leben.

„Gott nahm eine Handvoll Wind und schuf das Pferd"

Indianisches Sprichwort

Doch was bedeutet der Begriff im Umgang mit unseren Pferden? Mein Pferd ist sehr speziell. Er braucht ganz viel Achtsamkeit im Umgang mit ihm. Immer wieder höre ich von sogenannten „Problempferden". Alle möglichen Trainer werden geholt, die das eine oder andere Problem oft leider nur mittelfristig lösen. Aber was ist – in the long run?

Meiner Erfahrung nach, schleichen sich wieder kleine Fehler ein, die die Probleme zurückbringen. Einerseits deswegen, weil man nur sehr schwer einen Trainer findet, der die Psyche des Pferdes beachtet, und andererseits, weil man sehr oft selbst viel zu wenig hinschaut.

Wir fragen viel zu selten, warum ein Problem entsteht. Selbstverständlich bitten wir den Tierarzt, Chiropraktiker oder Physiotherapeuten, sich das Pferd einmal anzuschauen, zum Beispiel ob das Buckeln durch ein körperliches Problem entstanden ist. Wir stellen gerne die Fütterung um und geben alle möglichen Zusatzmittelchen ins Futter. Manchmal leisten wir uns sogar einen neuen Sattel.

Doch wer fragt wirklich nach den seelischen Ursachen eines Problems? Wer stellt sich diese Frage abseits der körperlichen Ursachen oder Gegebenheiten? Wie oft üben wir gegenüber unseren Pferden liebevolle Achtsamkeit? Wann können wir dem Pferd antworten, ja okay du willst mir was sagen, ich verstehe die Frage noch nicht, aber ich bemühe mich?

Eine Leitstute übt gegenüber ihrer Herde immer liebevolle Achtsamkeit. Ein Herdenmitglied kommt, kündigt eventuelle Gefahr an. Sie sieht sich das an – wiegelt ab, und ist dankbar für den Hinweis (davon hängt immerhin das Leben ihrer Herde ab). Sie sagt – ja danke für den Hinweis, ich habe es mir angeschaut, da ist nichts, aber wenn du wieder was siehst komm vorbei.

Wie reagieren wir? Manche von uns werden ungeduldig, wenn das Pferd „komisch" reagiert, andere werden ängstlich, wieder andere ignorieren die Ankündigung komplett.

Versuchen wir es doch mal mit liebevoller Achtsamkeit. Zeigen wir doch auch unseren Pferden gegenüber Verständnis, wie wir es auch gegenüber unseren Mitmenschen tun. Ich freue mich schon, wenn wir alle die liebevolle Achtsamkeit gegenüber unseren Pferden ausprobieren.

Artikel Feber 2016

Grenzen setzen

Jahrelang habe ich meinem Pferd viel zu wenig Grenzen gesetzt. Ich sah es als Beweis seiner Zuneigung zu mir, wenn er an meinen Jacken zog, daran knabberte, oder seinen Kopf an mir rieb. Im Parelli-Kurs lernte ich, dass das ganz falsch ist, das ist keine Liebe, sondern Respektlosigkeit.

Die erste Übung war es, Skippy beizubringen, dass er meinen "Grenzbereich" akzeptiert und nur dann in diesen Bereich eintritt, wenn ich ihn dazu auffordere. Mit kontinuierlichem Training habe ich so seinen Respekt zu mir aufgebaut. Plötzlich wurde unser Verhältnis zueinander besser. Das Pferd kam mir nicht mehr so nahe in brenzligen Situationen, er hielt mehr Abstand. Er hat aktiv darauf geachtet, was ich tue, was ich von ihm will und wo ich bin. Ein respektvoller Umgang miteinander begann.

Mir gab das Thema der Grenzsetzung einiges zu denken. Auch im täglichen Leben, sei es beruflich oder privat, habe ich viel zu wenig Grenzen gesetzt. Dadurch wurde ich teilweise überladen mit Dingen, die ich für andere Menschen erledigt habe, obwohl ich das gar nicht wollte. Auch Grenzen des guten Geschmacks wurden von Mitmenschen überschritten, weil ich diese Grenze nicht zog. Ganz besonders ist mir das im täglichen Leben mit meinem Ex-Partner aufgefallen. Es gab keine Grenzen, und wenn, habe ich selbst meine Grenzen oft nicht eingehalten.

Es ist nicht einfach, unseren Mitmenschen zu sagen – Stopp bis hierhin und nicht weiter. Da wird man oft mit Unverständnis konfrontiert. Das erste ist, die Grenze zu ziehen und das zweite ist noch wichtiger, wir müssen diese Grenze für uns selbst auch akzeptieren und sie auch einhalten. Immer wenn jemand die Grenze überschreitet zu sagen, Stopp nicht weiter, ist eine Herausforderung.

Wenn wir uns dieser Herausforderung stellen, tun wir sehr viel für unser Wohlbefinden. Wir treten für uns selbst ein, unser Selbstwertgefühl

steigt. Wir fühlen uns respektiert und wir respektieren uns selbst stärker.

Mein Apell: probiert die Grenzsetzung mit Euren Pferden, sie werden es Euch danken mit Respekt. Akzeptiert Eure Grenzen selbst, haltet sie ein und Ihr werdet den Respekt Eurer Mitmenschen ernten.

Artikel von 2015

Mein Pferd als Therapeut

Ich habe Skippy jetzt mehr als 20 Jahre. In dieser Zeit hat er mich durch gute und schlechte Zeiten begleitet. Wir hatten auch miteinander gute und schlechte Zeiten. In meinen schwierigen Tagen war er immer mein "Rückzugsort". Er hat mich gefordert, mich zum Nachdenken gebracht.

Chaos – ich habe extrem chaotische Zeiten hinter mir. In diesem Chaos ist es ihm immer gelungen, mich auf festen Boden zu holen. Er hat mich im Umgang mit ihm, immer so gefordert, dass ich gelernt habe, strukturiert zu sein, auch im täglichen Leben.

Mit Skippy gab es nie Ritte, bei denen ich die Gedanken schweifen lassen konnte. Er forderte und fordert klare Ansagen und Strukturen. Ihm Klarheit in meinem Wollen und Tun zu geben, hat mir geholfen, Klarheit zu bekommen. Die Ritte und die Arbeit mit ihm haben meinen Kopf frei gemacht von meinem Chaos, meinen Problemen, weil er meine 100 %ige Aufmerksamkeit gefordert hat. Da war kein Platz für verworrene Gedanken.

„Mein Pferd wäre ohne mich immer noch ein Pferd. Ich wäre ohne mein Pferd jedoch nur ein normaler Mensch!" Unknown

Er hat mich gelehrt, mein eigenes Chaos zu beherrschen, indem er klare Strukturen einforderte.

Im täglichen Leben waren meine Aussagen alles andere als klar, ich habe herum laviert, wollte niemanden verletzen, so konnten meine Mitmenschen mit meinen Befindlichkeiten oft nicht sehr viel anfangen. Solange ich mit Skippy ebenso unklar und ohne Struktur gearbeitet habe, gab es mit ihm große Probleme. Erst als ich klarer wurde, wurden auch die Probleme mit ihm weniger, oder waren teilweise sogar ganz weg.

Er ist ein guter Coach, der immer wieder eingemahnt hat, mich nicht zu verzetteln, den Focus zu halten. Dazu hat er mich auch gelehrt, neue Wege für mein Leben zu finden, oft nicht nur stur gerade aus zu schauen, sondern auch mal links und rechts. Es ist unerheblich, ob man mal eine Kurve macht, nur muss klar sein, dass man eine Kurve macht. Und mit Skippy gibt es kein Umkehren! Da beginnt er zu spinnen! Es darf zwar im Kreis gehen, aber nicht zurück. Das heißt für mein tägliches Leben: schau nicht zurück, geh weiter. Orientiere dich immer nach vorn!

„Dein Pferd ist Dein Spiegel, der Deine guten und schlechten Seiten unverfälscht wieder gibt. Sieh hinein in das Auge des Pferdes, aber erschrecke nicht vor der Wahrheit" Unknown

Zu guter Letzt hat er mich Geduld gelehrt. In der Arbeit mit ihm war es nie möglich schnell, schnell und halbherzig etwas zu tun. Die Geduld aufzubringen, sich für seine Ziele auch ausreichend Zeit zu nehmen, nicht gleich aufgeben, wenn etwas nicht sofort klappt, manchmal auch einen Schritt zurück zu machen, um besser vorwärts zu kommen. All das hat er mir gezeigt.

Wenn wir es zulassen, können wir sehr viel von unseren Tieren lernen.

Artikel von 2015

Gute Ratschläge

Ich habe vielen Menschen vom Neustart mit meinem Pferd erzählt. Das ergab viele gute Ratschläge und Tipps. Der häufigste Ratschlag war allerdings, es bleiben zu lassen, weil es zu gefährlich ist. Das ist aber keine Option für mich. Zusammengefasst gibt es drei Möglichkeiten:

1.) Salopp formuliert – tu das Pferd einfach weg

Das bedeutet auf die Koppel stellen oder…. und das will ich gar nicht in den Mund nehmen. Dagegen spricht, dass auch ein Pensionsplatz Geld kostet und ich mir momentan kein zweites Pferd leisten kann. Ich will mit Skippy arbeiten und ihn reiten! Skippy will arbeiten, will etwas tun und er braucht einen Menschen. Außerdem sollte man kein altes Pferd verpflanzen, er fühlt sich in seiner Umgebung und Herde sehr wohl.

2.) Ich akzeptiere, dass er ein Bodenarbeits-Pferd ist

Schau ma mal. Ich will aber auch reiten und zwar ihn. Skippy ist gut zu reiten (wenn es ihm nicht den Vogel raushaut) und ich kann mich nicht geschlagen geben.

3.) Skippy antrainieren und wieder reiten

Meine persönliche Lieblingsoption. Ich will, und wenn es nur einmal ist, wieder auf ihm sitzen. So nach dem Motto – "überwinde dich täglich".

Um Punkt 3 zu verwirklichen, habe ich begonnen, fünfmal die Woche Bodenarbeit mit Muskelaufbau. Er liebt es, mit mir zu arbeiten, ist fast noch aufmerksamer als früher.

Ich bin auch aufmerksamer. Ich stehe fest da und er bekommt dadurch Sicherheit. Die Herausforderung mit ihm selbst zu arbeiten habe ich schon mal angenommen und sie gemeistert. Das gibt mir viel Selbstvertrauen, nicht nur im Umgang mit ihm.

Und wieder habe ich etwas gelernt, gib niemals auf, wenn dir etwas wichtig ist. Hol dir Hilfe und arbeite – an dir selbst und an der Aufgabe. Denn dann kann man alles schaffen.

Artikel Oktober 2015

Neustart

Nach meinem Unfall mit Skippy habe ich ganz, ganz lange überlegt, was ich mit ihm machen soll. Ich will reiten, dafür habe ich ja eigentlich ein Pferd. Doch traue ich mir wieder zu, auf ihm zu reiten? Ein wenig spielt mir jetzt in die Hände, dass er ja über Monate nicht bewegt wurde und ich erst versuchen muss, mit viel Bodenarbeit seine Muskulatur wieder auf zu bauen. Immerhin ist er schon 21 Jahre alt.

Wie immer, wenn ich was beginne, gehe ich es eigentlich erst ziemlich langsam an. So auch diesmal, mit longieren auf der Koppel, bis ich mich stark genug fühlte, mit ihm auf's Viereck zu gehen. Unser Viereck ist 5 Minuten Gehweg vom Stall weg, der Weg ist neben der Straße, das war jetzt nach dem Unfall eine große Herausforderung für mich, mit dem Pferd allein dorthin zu kommen.

Nach dem Motto – überwinde dich täglich – habe ich es geschafft und ich schaffe es von Tag zu Tag besser.

Mein Focus ist klar – NEUSTART – Neustart nicht nur mit dem Pferd. Wenn ich im Leben vorankomme, meinen Focus definiere und diesen halte, komme ich auch mit dem Pferd voran. Werde ich ruhiger, weniger gehetzt, wird das Pferd ruhiger und weniger gehetzt.

Der Spiegel meiner Seele oder noch mehr meines Wohlbefindens ist mein Pferd. Deswegen bin ich auch zuversichtlich, dass es uns wieder gelingt zusammen zu wachsen. Ich werde mit meinem Arm, meinem neuen Leben als geschiedene Frau, alleinerziehend, selbständig, immer stärker, komme mit den Herausforderungen immer besser zurecht.

Vor allem verschwindet meine Angst immer mehr, Angst vorm Leben, wie soll ich das schaffen? Ich habe der Angst in die Augen geschaut und schön langsam verzieht sie sich.

Artikel Sommer 2015

Cisco

Ich möchte hier noch gerne Cisco erwähnen. Noch habe ich keinen Artikel über diese tolle Paint Stute geschrieben. Cisco ist ein sehr spezielles Pferd, so fein zu reiten, dass ich mir manchmal sehr schwer tu.

Cisco ist die beste Freundin von Skippy. Sie darf in ungestraft zwicken, mit ihm gemeinsam aus dem Futtertrog fressen. Selten habe ich so viel Einigkeit und Wohlwollen unter Pferden gesehen. Die zwei sind zusammen genial. Man kann beide im Rundkorral haben, ohne dass sie sich in die Quere kommen. Die mögen sich einfach. Immer wieder schön, die beiden zu beobachten. Cisco zwickt Skippy und er tut nichts. Sie frisst aus seinem Futtertrog und er schiebt ihr mit dem Maul das Futter hin. Eine Verbindung, die so selten ist und deswegen auch so schön. Zwei einzigartige Pferde haben sich getroffen und haben sich lieb. Vielleicht auch weil sie sich in ihrer Einzigartigkeit gefunden haben.

Und es ist auch immer wieder schön, auf ihr zu sitze, gemeinsam mit Conny unsere „Reitspaziergänge" zu machen. Danke, dass ich dieses tolle Pferd reiten darf. Sie hat einen so starken Ausdruck, sie transportiert so viel Gefühl und nimmt so viel Druck von mir. Ich vergleiche sie gerne mit Skippy. Cisco ist ein Pferd, bei dem ich das Gefühl habe, sie versetzt sich in dich hinein. Wenn wir spazieren gehen, geht sie ganz neben einem, das ist berührend und beruhigend zugleich.

Diese Stunden genieße ich immer sehr.

Für das, was Cisco mir gibt, wenn ich neben ihr gehe, gibt es keine Worte, es gibt nur gute Schwingungen.

Cisco wird mich noch ein paar Jahre begleiten. Auch weil sie mir sehr am Herzen liegt. Darauf freue ich mich schon.

Ausblick

Was erwartet mich noch? Was erwartet uns noch? Ich gehe noch von einigen Jahren aus, in denen Skippy noch bei mir ist. Er ist inzwischen ein altes Pferd, das nicht geritten wird. Mir verlangt das einiges ab. Fast täglich versuche ich ihn zu bewegen. Ständig überlege ich, was ich ihm noch zu füttern kann, da er 2020 im Frühjahr sehr stark abgenommen hat und er schon immer sehr schlecht zugenommen hat. Das ist im Alter nur noch schwieriger geworden.

Sein Bewegungsapparat ist auch nicht mehr das, was er einmal war. Durch die starke Gewichtsabnahme hat sich seine ganze Körperstruktur stark verändert. Er geht nicht mehr rein. Weil seine Kreuzbänder zu lange sind, hat er schon seit über 20 Jahren einen Spezialbeschlag. Aber man merkt, dass er dort ein Problem hat. Sein behandelnder Tierarzt sagt immer zu mir: „Wenn du mal so alt bist, tut dir auch einiges weh". Das stimmt sicher, dennoch möchte ich ihm sein Alter so angenehm wie möglich gestalten. Ich habe nicht den Biss, wie manche, die bei jedem Wetter, jeden Tag mit den Pferden Vollgas geben. Aber ich versuche mein Bestes.

In den letzten Jahren sind wir mental sehr stark zusammengewachsen. Er freut sich, wenn ich komme, ist auch im Umgang viel ruhiger geworden und auch berechenbarer. Seine Auszucker sind für mich bewältigbar geworden, er ist ein altes Pferd, das sich freut, wenn ich da bin.

Mit einem alten Pferd wird es nicht leichter. Im Gegenteil, die Herausforderungen sind da und nehmen oft noch zu. Jedes Mal, wenn Skippy etwas hat, habe ich Angst davor, dass der Tierarzt sagt, es ist vorbei.

Skippy hat für mich alles parat. Er war mein erstes junges Pferd, damit hat er mich herausgefordert. Dann war er ein spezielles Pferd und die Herausforderung wurde größer.

Jetzt ist er ein altes Pferd, die Herausforderung ist eine andere. Solange wie er, war in meinem ganzen Leben noch nie jemand an meiner Seite. Ein paar Jahre liegen noch vor uns.

Eines aber, lieber Skippy, kann ich dir versprechen. Ich werde immer mein Bestes versuchen, damit es dir gut geht.

Bis zu deinem letzten Atemzug werde ich bei dir sein, bei meinem Herzenspferd.

Quellenverzeichnis

Facebook

Horse Human Harmony

Fotos: Hugo Waldl, Andrea Waldl, Ronny Kager-Reich

www.pferd-als-lehrer.at

Mehr zu lesen

Das Pferdetraining Tagebuch: ISBN-13: 978-3749464951

Ein Notizbuch für das tägliche Pferdetraining. Hier kann jeder Reiter und Pferdebesitzer alle relevanten Informationen zu seinem Pferd und dem gemeinsamen Training notieren. Sehr wichtige Dinge, wie Tierarzttermine, Hufschmiedtermine oder relevante Fakten zur Fütterung finden ausreichend Platz. Kalendierung immerwährend.

Weitere Bücher unter www.amazon.de Andrea Waldl